Houghton
Mifflin
Harcourt

TEXAS Fusión

Libro del estudiante para escribir

Printed in the U.S.A.

ISBN   978-0-544-03209-5

12 13 0877 21 20 19 18

4500746199   BCDEFG

Contenido

Seguridad en las ciencias iii

Unidad 1: Hacer ciencias
LECCIÓN 1 Nuestros sentidos 1
LECCIÓN 2 Destrezas de ciencias 5
LECCIÓN 3 Instrumentos científicos 9

Unidad 2: Ciencia y tecnología
LECCIÓN 4 Resolver problemas 13
LECCIÓN 5 El proceso de diseño 17

Unidad 3: Materia
LECCIÓN 6 La materia 23
LECCIÓN 7 Calentar y enfriar la materia 29

Unidad 4: Energía
LECCIÓN 8 La luz 33
LECCIÓN 9 El calor 37
LECCIÓN 10 El sonido 41

Unidad 5: Movimiento
LECCIÓN 11 Imanes 47
LECCIÓN 12 El lugar donde están las cosas . . . 51
LECCIÓN 13 Cómo se mueven las cosas 55

S.T.E.M.   Cómo se usan los imanes 61

Unidad 6: Los recursos de la Tierra
LECCIÓN 14 Las rocas 63
LECCIÓN 15 El agua 67
LECCIÓN 16 Recursos naturales 71

Unidad 7: El estado del tiempo y las estaciones del año
LECCIÓN 17 El estado del tiempo 79
LECCIÓN 18 Medir el estado del tiempo 85
LECCIÓN 19 Las estaciones del año 89

Unidad 8: Día y noche
LECCIÓN 20 El cielo de día 95
LECCIÓN 21 El cielo de noche 99

S.T.E.M.   Reciclar papel 103

Unidad 9: Los animales
LECCIÓN 22 Vivos o inertes 105
LECCIÓN 23 Muchos animales 109
LECCIÓN 24 Qué necesitan los animales 115

Unidad 10: Las plantas
LECCIÓN 25 Plantas con hojas 119
LECCIÓN 26 Qué necesitan las plantas 125
LECCIÓN 27 Las partes de la planta 129
LECCIÓN 28 Las plantas crecen y cambian 133

S.T.E.M.   Diseño de acuarios 137

Seguridad en las ciencias

Adentro

Ten cuidado adentro.
Sigue estas reglas.

ojos seguros

1 **Prepárate.** Sigue estos pasos.

2 **Sé limpio.** Limpia lo que se riegue. Mantén tu cabello y ropa alejados.

3 **¡Ay!** Dile a tu maestro si se te riega o se te rompe algo. Dile a tu maestro si te haces daño.

4 **Protégete los ojos.** Ponte lentes de seguridad cuando el maestro lo pida.

5 **¡Ayayai!** No toques objetos afilados.

6 **¡Puaj!** No comas ni bebas nada.

7 **No toques los tomacorrientes.**

8 **Mantén todo limpio.** Limpia cuando termines. Lávate las manos con jabón y agua para mantenerte sano.

TEKS **K.1A** identifique y demuestre las prácticas de seguridad que se describen en los Estándares de Seguridad de Texas durante las investigaciones en el salón de clases y al aire libre, incluyendo el uso de lentes de seguridad, lavado de manos y el uso apropiado de materiales **K.1B** discuta la importancia de las prácticas de seguridad para protegerse y mantenerse sano a sí mismo y a los demás

Seguridad en las ciencias

Afuera

Cuidado al aire libre.
Sigue estas reglas.

ropas y zapatos seguros

1 **Prepárate.** Sigue estos pasos.

2 **Ponte ropa adecuada.** Ponte ropa y zapatos adecuados para andar afuera.

3 **¡Ay!** Dile a tu maestro si se te rompe algo o te haces daño.

4 **Protégete los ojos.** Dile a tu maestro si te cae algo en los ojos.

5 **¡Puaj!** Nunca saborees o pruebes cosas cuando estés al aire libre.

6 **No te salgas del camino.**

7 **No juegues bruscamente.** No hagas bromas pesadas.

8 **Recoge.** Tira los desperdicios a la basura como te lo indique el maestro.

9 **Límpiate.** Al terminar, lávate las manos con jabón y agua para mantenerte sano.

Nuestros sentidos

tocar

oler

oír

ver

gustar

TEKS **K.2D** anote y organice la información y las observaciones usando dibujos, números y palabras **K.4B** use los sentidos como un instrumento de observación para identificar propiedades y patrones de organismos, objetos y eventos en el medio ambiente.

ver

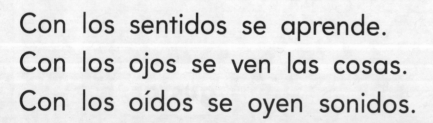

oír

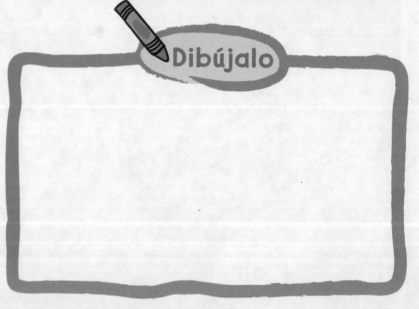

Dibújalo

Con los sentidos se aprende.

Con los ojos se ven las cosas.

Con los oídos se oyen sonidos.

▶ Dibuja algo que veas (observa). ¿Qué sabes de cómo parece el objeto?

Nombre _____

tocar

oler

gustar

Tocamos las cosas con las manos y la piel.

Olemos las cosas con la nariz.

Gustamos los alimentos con la boca.

▶ Encierra en un círculo la parte del cuerpo con que la niña huele la flor.

Resúmelo

● Encierra en un círculo a quien está oyendo algo.   ▲ Encierra en un círculo a quien está viendo algo.   ■ Encierra en un círculo a quien está gustando algo.

Destrezas de ciencias

observar

comparar

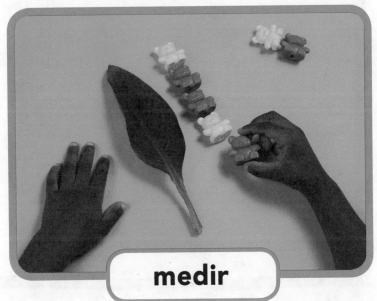

medir

grande   pequeño

clasificar

© Houghton Mifflin Harcourt Publishing Company   (tl) ©Blend Images/Alamy

TEKS K.2A haga preguntas acerca de organismos, objetos y eventos observados en la naturaleza **K.2D** anote y organice la información y las observaciones usando dibujos, números y palabras **K.4A** reúna información usando objetos no usuales para medir, como clips...

Unidad 1 • Lección 2   **5**
¿Cómo usamos las destrezas de ciencias?

observar

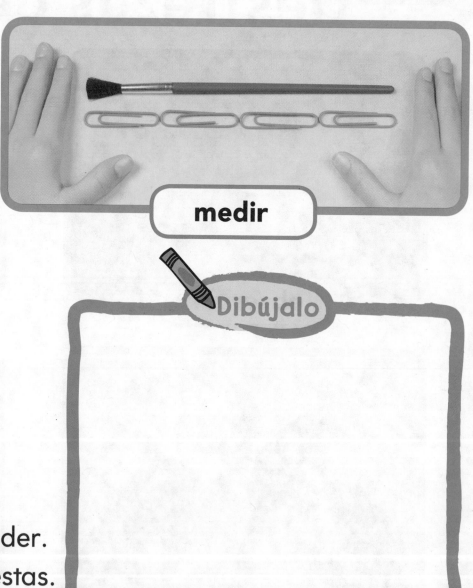

medir

Dibújalo

Hacemos preguntas para aprender.
Observamos para hallar respuestas.
Medimos para hallar respuestas.

▶ Obsérvate la mano con los ojos. ¿Qué sabes de tu mano? ¿Cómo se ve? Dibuja lo que observes. Compara tu dibujo con los de tus compañeros. Luego di cuántos clips de largo tiene el pincel.

Nombre _____

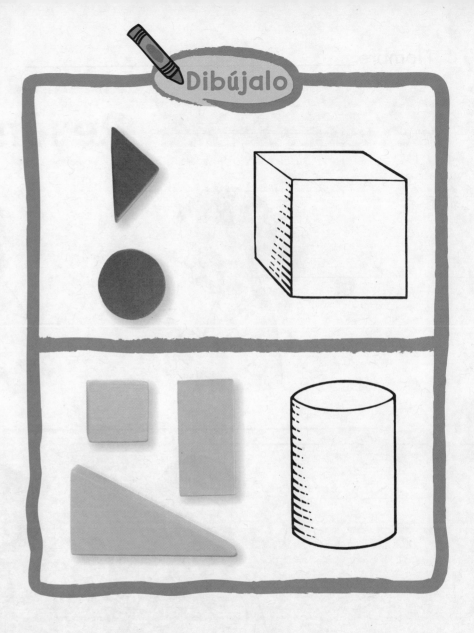

comparar

clasificar

Comparamos lo parecido y lo diferente de las cosas.
Clasificamos grupos de las cosas que se parecen.

▶ Colorea cada bloque para emparejarlo con su grupo.

Resúmelo

● Encierra en un círculo a quien está midiendo cosas.
▲ Encierra en un círculo a quien está clasificando cosas.

Instrumentos científicos

lupa

termómetro

balanza

taza de medir

regla

TEKS **K.2C** reúna información y haga observaciones con equipos simples, tales como lupas, balanzas e instrumentos de medición no usuales **K.2D** anote y organice la información y las observaciones usando dibujos, números y palabras **K.3C** explore que los científicos investigan diferentes cosas en la naturaleza y usan instrumentos que les ayudan en sus investigaciones **K.4A** reúna información usando instrumentos, incluyendo ... lupas, balanzas, tazas...; instrumentos meteorológicos, tales como termómetros...

Unidad 1 • Lección 3
¿Cómo usamos los instrumentos de ciencias?

9

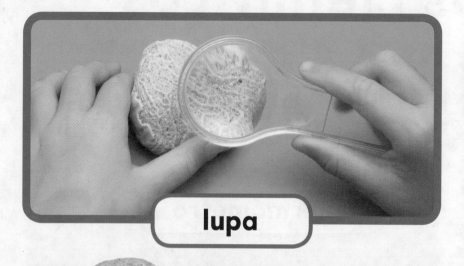

lupa

© Houghton Mifflin Harcourt Publishing Company

Dibújalo

regla

Los instrumentos de ciencias nos sirven para saber cómo son las cosas.

La lupa nos sirve para ver más grandes las cosas.

La regla nos sirve para saber el largo de las cosas.

► Dibuja un objeto. Luego dibuja el objeto como se ve con una lupa. Traza una línea debajo de la regla. Di qué puedes medir con una regla.

Nombre _____

balanza

termómetro

taza de medir

La balanza nos dice qué cosa es más pesada.

El termómetro nos dice cuánto calor hace.

La taza de medir nos dice cuánta agua hay.

▶ Encierra el termómetro en un círculo.

Resúmelo

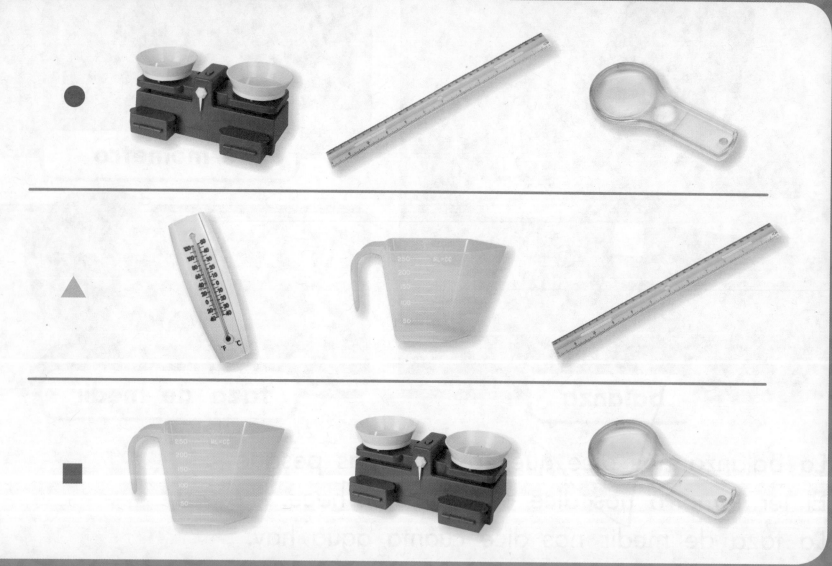

● Encierra en un círculo el instrumento que muestra qué cosa es más pesada. ▲ Encierra en un círculo el instrumento que muestra cuánta agua hay. ■ Encierra en un círculo el instrumento que aumenta el tamaño de las cosas.

Resolver problemas

ingeniera

TEKS **K.2D** anote y organice la información y las observaciones usando dibujos, números y palabras
K.3A identifique y explique un problema ... y proponga una solución con sus propias palabras.

Los ingenieros resuelven problemas.

Diseñan edificios y carreteras.

Diseñan las cosas que usamos en casa.

▶ Dibuja un círculo alrededor de los ingenieros.

Nombre _____

Tú también puedes diseñar cosas.

© Houghton Mifflin Harcourt Publishing Company

Dibújalo

▶ Identifica y explica cuál podría ser el problema del niño. Comenta lo que puede hacer. Dibuja lo que el niño podría diseñar y construir con los bloques.

Resúmelo

▶ Traza líneas para emparejar cada problema con la manera en que el ingeniero resolvió el problema.

© Houghton Mifflin Harcourt Publishing Company

El proceso de diseño

problema

diseño

resolver

TEKS **K.1C** demuestre cómo usar, conservar y desechar los recursos naturales y materiales, tales como al conservar el agua y reutilizar o reciclar papel, plástico y metal **K.2D** anote y organice la información y las observaciones usando dibujos, números y palabras **K.3A** identifique y explique un problema ... y proponga una solución con sus propias palabras.

Busca un problema.

El proceso de diseño es un plan con pasos.
Sigues los pasos para resolver un problema.
El primer paso es buscar el problema.

© Houghton Mifflin Harcourt Publishing Company

▶ Identifica y explica el problema. Encierra en un círculo
el problema.

Planea y construye.

Piensa en una manera de resolver el problema.
Diseña un plan. Luego constrúyelo.

▶ Identifica la solución de la niña al problema. Encierra la solución en un círculo.

Examina.

Mejora.

Examina tu plan.

¿Con tu plan se resuelve el problema?

¿Puedes mejorar tu plan?

▶ Explica cómo la niña mejoró su plan.

Nombre _____

Pongan la basura aquí

Modifica el diseño.
Coméntalo.

Cambia tu plan para mejorarlo.

Coméntalo con otros.

Dibújalo

▶ Propón otra solución al problema de la niña. Haz un dibujo de la solución. Explica la solución con tus propias palabras.

Resúmelo

▶ Los pasos no están en orden. Traza una línea bajo el primer paso del proceso de diseño. Encierra en un círculo el último paso del proceso de diseño.

La materia

materia

TEKS **K.2D** anote y organice la información y las observaciones usando dibujos, números y palabras **K.5A** observe y anote las propiedades de los objetos, incluyendo su masa y tamaño relativos, tales como más grande o más pequeño, más pesado o más liviano, forma, color y textura

líquido

gas

sólido

La materia es cualquier cosa que ocupa espacio.
La materia puede ser un líquido, un gas o un sólido.

© Houghton Mifflin Harcourt Publishing Company ©Getty Images

▶ Dibuja una X sobre el líquido.

Nombre _____

tamaños diferentes

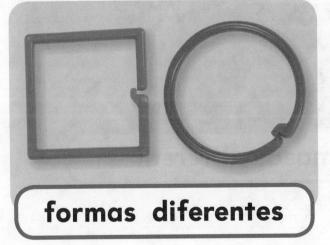

formas diferentes

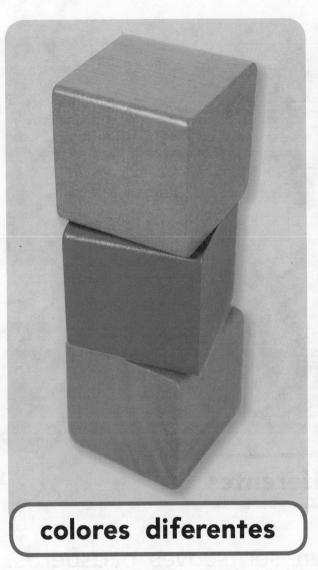

colores diferentes

Dibújalo

Los objetos son de diferentes tamaños, formas y colores.

▶ Dibuja un objeto que conozcas. Encierra en un círculo el oso más grande. Dibuja dos
cubos. Haz uno más grande que el otro. Encierra en un círculo el cubo más pequeño.

texturas diferentes

masas diferentes

Los objetos pueden ser suaves o ásperos.

Los objetos pueden ser pesados o livianos.

▶ Encierra en un círculo el objeto que es áspero.
Marca una X sobre el libro que tiene más masa.

Nombre _____

temperaturas diferentes

Las cosas pueden ser calientes o frías.

Dibújalo

Resúmelo

 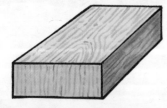 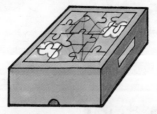  

● Encierra en un círculo el objeto que es de color diferente.
▲ Encierra en un círculo el objeto que es de tamaño diferente.
■ Encierra en un círculo el objeto que tiene forma diferente.

Calentar y enfriar la materia

calentar

enfriar

TEKS **K.4B** use los sentidos como un instrumento de observación para identificar propiedades y patrones de organismos, objetos y eventos en el medio ambiente. **K.5B** observe, anote y discuta cómo los materiales pueden cambiar al calentarse o enfriarse

¿Cómo cambia la materia al calentarse y al enfriarse?

Nombre _____

huevo crudo

calentar

Dibújalo

huevo cocido

La materia puede cambiar al calentarse.

▶ Observa cómo el huevo cambia al calentarse. Dibuja (anota) cómo se ve el huevo después de cocido. Comenta cómo se cambian los huevos y otros materiales al calentarse.

Nombre _____

líquido

enfriar

sólido

La materia cambia al enfriarse.
Los líquidos pueden ponerse sólidos.

► Observa cómo cambia el líquido al enfriarse. Encierra en un círculo (anota) la materia que se está enfriando. Comenta cómo se cambian el agua y otros materiales al enfriarse.

Resúmelo

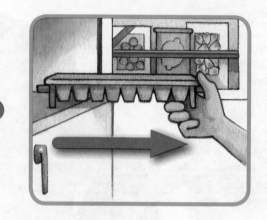  

● Encierra en un círculo (anota) lo que ocurre cuando enfriamos agua.

▲ Encierra en un círculo (anota) lo que ocurre cuando calentamos masa para panqueques.

La luz

luz

TEKS **K.2D** anote y organice la información y las observaciones usando dibujos, números y palabras **K.6A** use los cinco sentidos para explorar las diferentes formas de energía, tales como la energía luminosa, térmica y del sonido

Nombre _____

Sol

lámpara

linterna

Dibújalo

El Sol alumbra.

Hay cosas que están hechas para alumbrar.

¿Qué otras cosas alumbran?

▶ Explora el sentido que te sirve para observar la luz. ¿Qué cosa alumbra en el salón de clases? ¿Qué sentido te sirve para observar la luz? Dibuja algo que alumbra.

muy poca luz

mucha luz

Necesitamos luz para ver las cosas.

▶ Encierra en un círculo la habitación que tiene más luz. Comenta lo
que pasa cuando cierras los ojos. ¿Aun así observas la luz?

Resúmelo

Encierra en un círculo las cosas que alumbran.
Di cuál es el sentido con que observas la luz.

El calor

calor

TEKS **K.2D** anote y organice la información y las observaciones usando dibujos, números y palabras **K.6A** use los cinco sentidos para explorar las diferentes formas de energía, tales como la energía luminosa, térmica y del sonido

Nombre _____

tostadora eléctrica

Algunas cosas calientan.

secador

▶ Encierra en un círculo el objeto que calienta y tuesta el pan. Discute (explora) cuál de los sentidos te sirve para observar la energía térmica.

Nombre _____

Dibújalo

Sol

vela

Hay muchas cosas que alumbran y también calientan.

▶ Dibuja algo que alumbre y caliente. Di cuáles son los sentidos que te sirven para observar el calor y la luz.

Resúmelo

● ▲ ■ Encierra en un círculo el objeto que produce <u>más</u> calor.

El sonido

sonido

vibración

TEKS **K.2B** anote y organice la información y las observaciones usando dibujos, números y palabras **K.6A** use los cinco sentidos para explorar las diferentes formas de energía, tales como la energía luminosa, térmica y del sonido

suave

fuerte

Dibújalo

Las cosas vibran hacia adelante y hacia atrás.

Así se hace el sonido.

Los sonidos pueden ser fuertes o suaves.

▶ Dibuja algo que produzca un sonido fuerte. Comenta cuál es el sentido que te sirve para observar el sonido.

bajo

alto

Dibújalo

Los sonidos pueden ser bajos o altos.

¿Cómo se produce un sonido muy bajo?

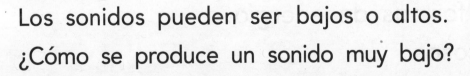

▶ Dibuja algo que produzca un sonido alto. Comenta lo que pasa cuando te tapas los oídos.

El sonido, la luz y el calor son formas de energía.
La energía puede cambiar las cosas.

▶ Encierra en un círculo las fuentes de energía luminosa, térmica y del sonido.

Nombre _____

La energía del sonido te sirve para oír.

La energía luminosa te sirve para ver.

La energía térmica te mantiene caliente.

▶ Encierra en un círculo las fuentes de energía luminosa, térmica y del sonido. Di cuál es el sentido que te sirve para observar cada una.

Resúmelo

● Encierra en un círculo a quien está haciendo un sonido suave.
▲ Encierra en un círculo a quien está haciendo un sonido bajo.
Di qué sentido usaste para observar el sonido.

Imanes

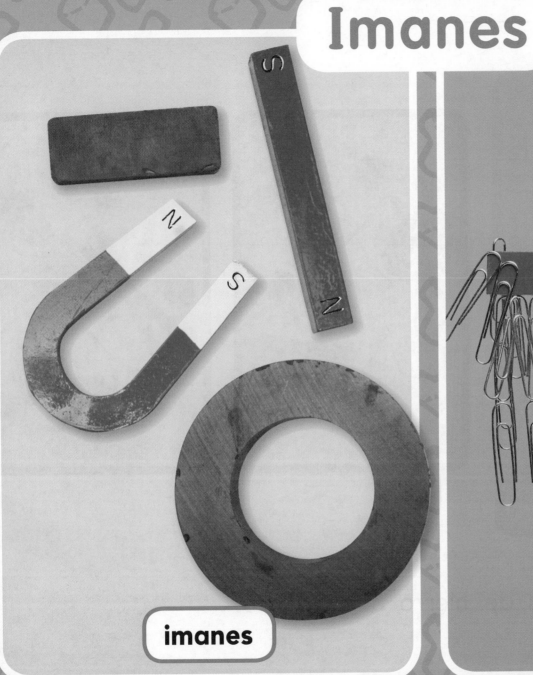

imanes

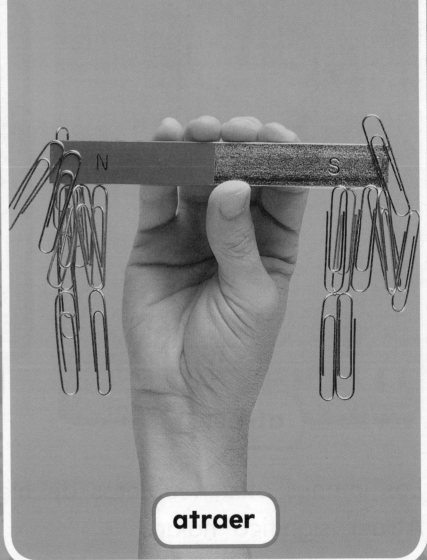

atraer

TEKS **K.2D** anote y organice la información y las observaciones usando dibujos, números y palabras **K.4A** reúna información usando instrumentos, incluyendo ... imanes ... **K.6B** examine la interacción entre imanes y distintos materiales

Unidad 5 • Lección 11
¿Qué objetos atraen los imanes?

47

Nombre _____

atraer

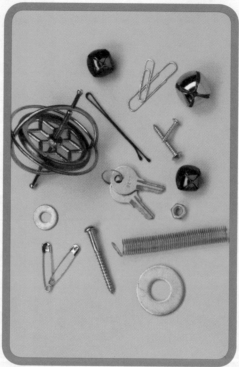

Los imanes atraen objetos de hierro o de acero.

Atraer significa halar.

▶ Explora lo que pasa (explora interacciones) entre imanes y distintos materiales. Encierra en un círculo el grupo de objetos que atrae un imán.

Nombre _____

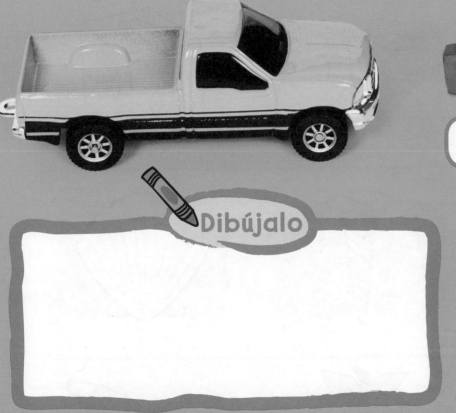

imán

Dibújalo

Los imanes mueven ciertos objetos sin tocarlos.

▶ Explora lo que pasa si le acercamos un imán a un juguete hecho de hierro o acero. Dibuja una flecha para mostrar la dirección en que se mueve la camioneta.

Nombre _____

Resúmelo

●

▲

■

●▲■ Encierra en un círculo el objeto al que atrae un imán.

El lugar donde están las cosas

al lado

encima / arriba

debajo

detrás

enfrente de

TEKS **K.2D** anote y organice la información y las observaciones usando dibujos, números y palabras **K.6C** observe y describa la ubicación de un objeto con relación a otro, tal como arriba, abajo, detrás, enfrente y al lado

Unidad 5 • Lección 12

51

¿Cómo describimos la ubicación de las cosas?

Nombre _____

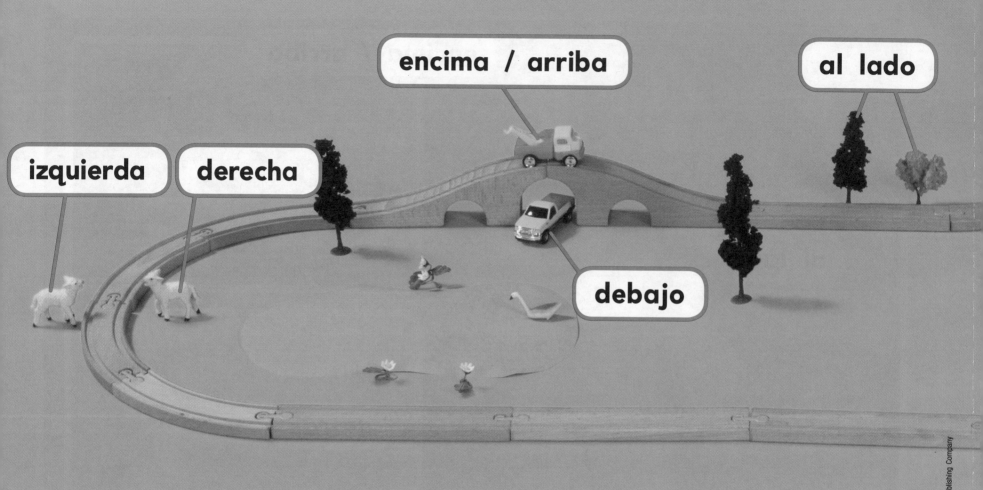

encima / arriba

al lado

izquierda

derecha

debajo

Con estas palabras dices dónde están las cosas.

▶ Observa la ubicación de las cosas en las dos páginas. Describe dónde están los objetos en relación con los otros. Encierra en un círculo el camión que está debajo del puente.

Nombre _____

dentro de

fuera de

enfrente de   **detrás**

¿Dónde están los patos?

Dibújalo

▶ Dibuja una pelota con un árbol detrás.

Resúmelo

Colorea de amarillo el juguete que está arriba del avión. Colorea de azul el juguete que está debajo del camión. Colorea de verde el juguete que está al lado de la pelota. Colorea de naranja el juguete que está enfrente del cesto.

Cómo se mueven las cosas

en zigzag

en círculo

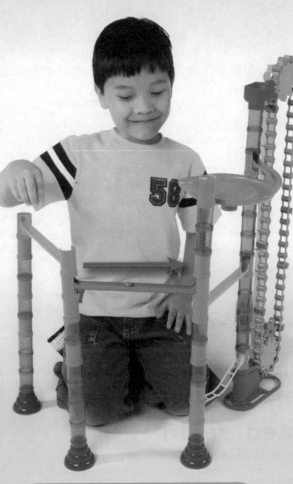

en línea recta

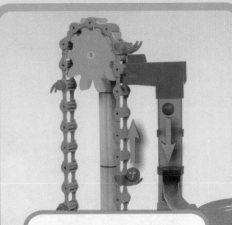

hacia arriba y hacia abajo

hacia adelante y hacia atrás / hacia los lados

TEKS **K.2B** planifique y realice investigaciones descriptivas simples, tales como la manera en que los objetos se mueven **K.6D** observe y describa las maneras en que los objetos se pueden mover, tales como en línea recta, en zigzag, hacia arriba y hacia abajo, hacia atrás y hacia adelante, en círculo, rápida y lentamente

Nombre _____

en línea recta

en círculo

Las cosas se mueven en distintas direcciones.

▶ Observa las ilustraciones de las dos páginas. Describe las maneras en que los objetos se mueven: en línea recta, en círculo, hacia arriba y hacia abajo, hacia adelante y hacia atrás, y en zigzag. Colorea las flechas para mostrar la dirección en que se mueven las cosas.

Nombre _____

hacia arriba y hacia abajo

hacia adelante y hacia atrás

en zigzag

Las cosas pueden cambiar de dirección.

▶ Colorea las flechas para mostrar la dirección
en que se mueven las cosas.

rápido

A veces las cosas se mueven rápido.

▶ Observa las ilustraciones. Marca con una X el animal que se mueve rápido.

© Houghton Mifflin Harcourt Publishing Company (t) ©David Madison/Getty Images; (b) ©Steve Bloom/Getty Images

Nombre _____

lento

A veces las cosas se mueven lentamente.

▶ Observa las ilustraciones. Dibuja algo que se mueva lentamente.
Describe cómo se mueven todas las cosas.

© Houghton Mifflin Harcourt Publishing Company   (l) ©First Light/Alamy

Resúmelo

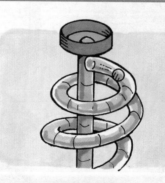

● Encierra en un círculo el tren que va en línea recta. ▲ Encierra en un círculo la canica que va en círculo. ■ Encierra en un círculo el animal que se mueve más lento.

Cómo se usan los imanes

Los ingenieros diseñan cosas que funcionan con imanes. A veces utilizar un imán resuelve el problema.

TEKS **K.3A** identifique y explique un problema ... y proponga una solución con sus propias palabras **K.4A** reúna información usando instrumentos, incluyendo ... imanes **K.6B** examine la interacción entre imanes y distintos materiales

Ciencias físicas • S.T.E.M. • Cómo se usan los imanes   61

¿Cómo se utiliza el imán para resolver un problema?

▶ Piensa en un problema que se pueda resolver usando un imán.
Dibuja la manera en que el imán resuelve el problema. Comenta tu dibujo.

Las rocas

rocas

TEKS **K.2D** anote y organice la información y las observaciones usando dibujos, números y palabras **K.7A** observe, describa, compare y clasifique las rocas por su tamaño, forma, color y textura

tamaños distintos

formas distintas

Las rocas son objetos inertes.

Las rocas tienen distintos tamaños, formas, colores y texturas.

▶ Observa las rocas de la primera ilustración. Describe sus tamaños. Encierra en un círculo la roca más pequeña. Luego observa las rocas de la segunda ilustración. Describe y compara sus formas. Dibuja una X sobre la roca cuadrada.

Nombre _____

Dibújalo

colores distintos

texturas distintas

Algunas rocas son lisas.

Otras rocas son ásperas.

▶ Observa los colores de las rocas en las dos páginas. Describe y compara los colores. Dibuja una roca marrón, una roca gris y una roca rosada. Luego observa las rocas de la segunda ilustración. Describe y compara sus texturas, o la manera en que se sienten. Encierra en un círculo las rocas ásperas. Dibuja una X sobre la roca lisa. Unidad 6 • Lección 14

Resúmelo

Dibuja una X sobre cada roca.

El agua

agua

TEKS **K.2D** anote y organice la información y las observaciones usando dibujos, números y palabras **K.7B** observe y describa las propiedades físicas de las fuentes naturales de agua, incluyendo color y claridad

Nombre _____

río

lago

océano

El agua se encuentra en los ríos, los lagos y los océanos.
El agua puede verse azul, verde o gris.

▶ El agua se encuentra en recursos naturales como los ríos, los lagos
y los océanos. Dibuja una X sobre el río. Observa las ilustraciones
de las dos páginas. Describe el color del agua en cada ilustración.

Nombre _____

estanque

El agua limpia es clara.
¿Está limpia el agua de este estanque?

Dibújalo

▶ Describe (la claridad del) agua. Dibuja un estanque con agua clara.
Dibuja peces que se vean en el agua cuando la miras.

Resúmelo

● Colorea el agua de azul.   ▲ Colorea el agua de gris.   ■ Colorea el agua de azul si está clara.   ★ Dibuja peces en el estanque claro.

Recursos naturales

roca

agua

suelo

TEKS **K.1C** demuestre cómo usar, conservar y desechar los recursos naturales y materiales, tales como al conservar el agua y reutilizar o reciclar papel, plástico y metal **K.2D** anote y organice la información y las observaciones usando dibujos, números y palabras **K.7C** dé ejemplos de las maneras en que las rocas, el suelo y el agua son útiles.

Unidad 6 • Lección 16
¿Cómo utilizamos y conservamos los recursos naturales?

71

Nombre _____

zanahorias

zanahorias creciendo en el suelo

El suelo es un recurso natural.
Casi todas las plantas crecen en el suelo.
Muchas plantas nos sirven de alimento.

▶ Explica cómo se está utilizando el suelo en las ilustraciones.
Da ejemplos de otras maneras en que el suelo es útil.
Dibuja una X sobre las zanahorias que crecen en el suelo.

Nombre _____

puente

Dibújalo

Las rocas son un recurso natural.
Las rocas nos sirven para hacer cosas.

▶ Explica cómo se están utilizando las rocas en las ilustraciones.
Da ejemplos de otras maneras en que sirven las rocas.
Dibuja algo hecho de rocas.

Bebemos agua.

El agua es un recurso natural.
No podemos vivir sin el agua.

Dibújalo

▶ Explica cómo se está utilizando el agua en la ilustración.
Da ejemplos de otras maneras en que el agua es útil.
Dibuja una manera de utilizar el agua.

Nombre _____

Cierra la llave del agua después de usarla.

Dibújalo

Debemos conservar el agua.

Debemos utilizar todos los recursos naturales con cuidado.

▶ Demuestra cómo utilizar los recursos naturales con cuidado (conservar). Dibuja otra manera de utilizar un recurso natural con cuidado.

reutilizar una lata

reutilizar una llanta

Utilizamos materiales y recursos.

Luego los desechamos.

Podemos reutilizar materiales y recursos.

▶ Demuestra maneras en que utilizamos materiales tales como el papel, el plástico y el metal. Encierra en un círculo la manera en que se está reutilizando una lata.

reciclar plástico

reciclar latas

Reciclamos las botellas de plástico y las latas.

Utilizamos botellas viejas para hacer cosas nuevas.

Utilizamos latas viejas para hacer cosas nuevas.

▶ En cada ilustración, encierra en un círculo algo que se esté reciclando.

Resúmelo

● Encierra en un círculo la ilustración en que se utiliza el suelo.
▲ Encierra en un círculo la ilustración en que se utiliza el agua con cuidado.
■ Encierra en un círculo la ilustración en que se recicla algo.

El estado del tiempo

soleado

nevoso

lluvioso

nuboso

ventoso

TEKS **K.2D** anote y organice la información y las observaciones usando dibujos, números y palabras **K.8A** observe y describa los cambios en el estado del tiempo de un día para otro y de una estación del año a otra

estado del tiempo nuboso

estado del tiempo soleado

El estado del tiempo cambia día tras día. Unos días son nubosos. Otros días son soleados.

▶ Encierra en un círculo el día nuboso. Observa el estado del tiempo de hoy y descríbelo. Comenta el estado del tiempo en los últimos días. Describe cómo cambió el estado del tiempo día a día.

Dibújalo

estado de tiempo ventoso

Hay días que son ventosos.
¿Está ventoso hoy?
¿Estaba ventoso ayer?

▶ Dibuja un árbol en un día ventoso. Discute si hoy el tiempo está
ventoso en donde vives y si estaba ventoso ayer.

Nombre _____

Dibújalo

estado del tiempo lluvioso

Hay días que son lluviosos.
Los días lluviosos jugamos en casa.

▶ Dibuja algo que te guste hacer en un día lluvioso.
Comenta si ha llovido en la última semana.

Nombre _____

estado del
tiempo nevoso

Hay días que son nevosos.
En los días nevosos hace frío.

▶ Encierra en un círculo a los niños que juegan en tiempo nevoso. Discute
si alguna vez cae nieve en el lugar donde vives.

Resúmelo

● Encierra en un círculo el tiempo nevoso.
▲ Encierra en un círculo el tiempo lluvioso.
■ Encierra en un círculo el tiempo soleado.

Medir el estado del tiempo

termómetro

manga de viento

© Houghton Mifflin Harcourt Publishing Company (l) ©22DigiTal/Alamy; (r) ©artpartner-images.com/Alamy

TEKS **K.2D** anote y organice la información y las observaciones usando dibujos, números y palabras **K.4A** reúna información usando... instrumentos meteorológicos, tales como termómetros y mangas de viento...

Unidad 7 • Lección 18
¿Cómo medimos el estado del tiempo?

85

temperatura alta

temperatura baja

Medimos el estado del tiempo con instrumentos.

El termómetro nos dice cuánto calor o frío hace.

▶ Se puede reunir información sobre el estado del tiempo con un termómetro. Discute lo que nos dice un termómetro sobre el estado del tiempo. Encierra en un círculo el termómetro que muestra una temperatura baja.

Nombre _____

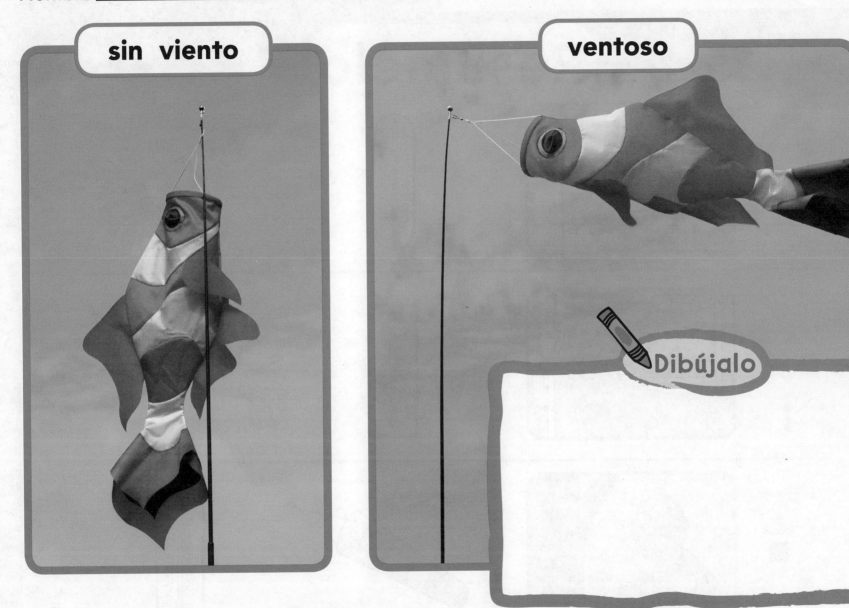

sin viento

ventoso

Dibújalo

La manga de viento muestra si el tiempo está ventoso.

▶ Se puede reunir información sobre el estado del tiempo con una manga de viento. Discute lo que nos dice una manga de viento sobre el estado del tiempo. Dibuja una manga de viento en un día ventoso. Traza una línea que vaya desde la palabra "ventoso" hasta tu dibujo.

Resúmelo

● 　　

▲ 　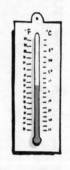　

■ 　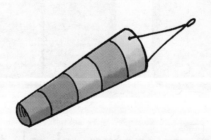　

● ▲ ■ Encierra en un círculo el instrumento con que cada niño podría medir el estado del tiempo que se muestra.

Las estaciones del año

primavera

verano

invierno

otoño

TEKS **K.2D** anote y organice la información y las observaciones usando dibujos, números y palabras **K.3B** haga predicciones basadas en patrones observables en la naturaleza, tales como la forma de las hojas **K.8A** observe y describa los cambios en el estado del tiempo de un día para otro y de una estación del año a otra **K.8B** identifique eventos que tienen patrones que se repiten, incluyendo las estaciones del año, el día y la noche

Nombre _____

primavera

Las estaciones del año siguen un patrón.

En primavera, los animalitos nacen o rompen el cascarón.

Las plantas crecen porque el estado del tiempo es cálido.

▶ Observa la ilustración que muestra la primavera. Encierra en un círculo a los animales jóvenes. Describe el estado del tiempo en primavera.

© Houghton Mifflin Harcourt Publishing Company

Nombre _____

verano

El verano viene después de la primavera.
En verano, las plantas crecen más.
Los animalitos crecen y aprenden.

▶ Observa la ilustración en que se muestra el verano. Encierra en un círculo
al venadito que está haciendo lo mismo que su mamá. Describe cómo es el
estado del tiempo en el verano.

Nombre _____

otoño

El otoño viene después del verano.
Las hojas, las nueces y las frutas caen
de los árboles.
Los animales se preparan para el invierno.

► Observa la ilustración en que se muestra el otoño. Encierra en un círculo al animal que se prepara para el invierno. Describe el estado del tiempo en el otoño.

Nombre _____

invierno

El invierno viene después del otoño.
Muchos árboles pierden todas las hojas.
Ciertos animales cambian en el invierno.

► Observa la ilustración en que se muestra el invierno. Dibuja cómo es el invierno en donde vives.
Describe cómo es el estado del tiempo en el invierno. Discute por qué el orden de las estaciones del
año sigue un patrón. Predice los cambios que ocurrirán en el estado del tiempo durante un año.

Resúmelo

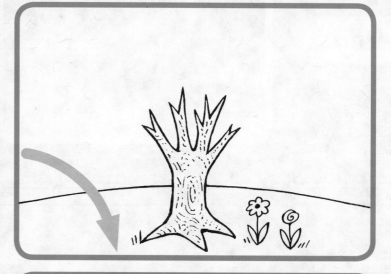
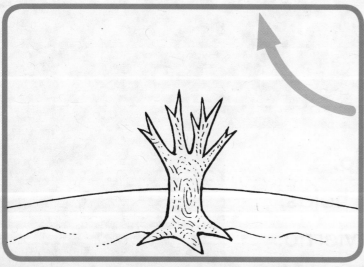
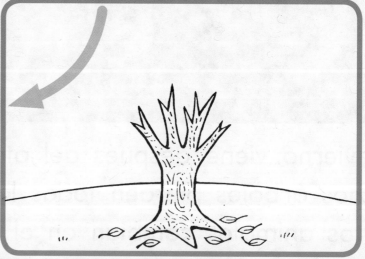

Dibuja cómo se ve el árbol en primavera, verano, otoño e invierno. Explica lo que muestra la flecha.

El cielo de día

cielo

Sol

nubes

TEKS **K.2D** anote y organice la información y las observaciones usando dibujos, números y palabras **K.8C** observe, describa y dibuje los objetos en el cielo, tales como las nubes, la Luna y las estrellas, incluyendo al Sol

| mañana | mediodía | tarde |

El Sol se ve en el cielo durante el día.

También se ven nubes y otros objetos en el cielo.

Durante el día, el Sol parece moverse por el cielo.

► Observa los objetos que hay en el cielo. Encierra en un círculo el Sol de cada dibujo. Describe dónde está el sol en cada dibujo.

Nombre _____

lejos

Dibújalo

cerca

Los objetos que están cerca de la Tierra se ven grandes.
Los objetos que están lejos de la Tierra se ven pequeños.

▶ Observa los objetos que están en el cielo.
Dibuja (ilustra) el cielo de día.

Resúmelo

  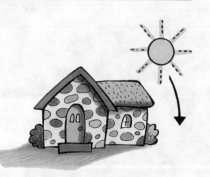

● Encierra en un círculo el Sol de la mañana.
▲ Encierra en un círculo el Sol de mediodía.
■ Encierra en un círculo el Sol de la tarde.

© Houghton Mifflin Harcourt Publishing Company

El cielo de noche

estrellas

Luna

TEKS **K.2D** anote y organice la información y las observaciones usando dibujos, números y palabras **K.3B** haga predicciones basadas en patrones observables en la naturaleza... **K.8B** identifique eventos que tienen patrones que se repiten, incluyendo las estaciones del año, el día y la noche **K.8C** observe, describa y dibuje los objetos en el cielo, tales como las nubes, la Luna y las estrellas, incluyendo al Sol

Nombre _____

estrellas

Luna

Dibújalo

La noche sigue al día.

De noche se ven las estrellas del cielo.

En muchas noches vemos la Luna.

▶ Observa y describe los objetos que hay en el cielo de noche. Dibuja (ilustra) la Luna.

El día sigue a la noche.

Esto es un patrón.

También podríamos ver la Luna durante el día.

▶ Encierra la Luna en un círculo. Dibuja (ilustra) el Sol en el cielo durante el día. Predice lo que sigue al día. Comenta por qué el día y la noche tienen un patrón que se repite.

Resúmelo

● Dibuja (ilustra) el cielo de día.　▲ Dibuja (ilustra) el cielo de noche.

Reciclar papel

Se puede reciclar papel.
Se puede reunir el papel usado.
Y de allí se saca el papel nuevo.

papel en reciclaje

papel para reciclar

papel reciclado

TEKS K.1C demuestre cómo usar, conservar y desechar los recursos naturales y materiales, tales como al conservar el agua y reutilizar o reciclar papel, plástico y metal **K.3A** identifique y explique un problema, tal como el impacto de arrojar basura en el área de recreo, y proponga una solución con sus propias palabras

Hora de los niños

A pink rose from our garden

Inside this issue:
roses, daisies and lilies

100% Recycled Paper
Toallas de papel

▶ Explica por qué desperdiciar papel es un problema. Demuestra cómo se debe desechar el papel usado. Encierra en un círculo las cosas que se pueden hacer del papel reciclado.

Vivos o inertes

seres vivos

objetos inertes

TEKS **K.2D** anote y organice la información y las observaciones usando dibujos, números y palabras **K.9A** pueda diferenciar entre los seres vivos y los objetos inertes basándose en si éstos tienen necesidades básicas y si pueden tener descendientes **K.9B** examine la evidencia de que los organismos vivos tienen necesidades básicas... **K.10C** identifique las maneras en que los brotes de plantas se parecen a sus padres

agua

alimento

lugar donde vivir

Los seres vivos necesitan aire,
alimento y agua.

También necesitan un lugar para vivir.

¿Necesitan estas cosas los objetos inertes?

▶ Observa las ilustraciones. Explica cómo sabes que muestran seres vivos.
Comenta las cosas que los seres vivos necesitan. Explica cómo lo sabes.
Encierra en un círculo al animal que está tomando su alimento.

Nombre _____

patos

planta nueva

De las plantas nacen más plantas.

Los animales tienen crías.

¿Pueden hacer esto los objetos inertes?

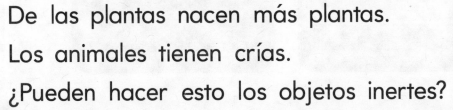

Dibújalo

▶ Los seres vivos se parecen a sus padres. Cada plantita se parece a su madre.
Dibuja una plantita junto con su planta madre.

Nombre _____

Resúmelo

●       

▲       

● Encierra en un círculo el ser vivo.   ▲ Encierra en un círculo el objeto inerte.

Muchos animales

pelaje

plumas

escamas

TEKS **K.2D** anote y organice la información y las observaciones usando dibujos, números y palabras **K.10A** clasifique ... animales en grupos basándose en características físicas, tales como color, tamaño, cubierta del cuerpo... **K.10B** identifique partes... de los animales, tales como la cabeza, los ojos y las extremidades

Nombre _____

azulejo

catarina

elefante

Los animales son de formas y tamaños diferentes.
Hay animales de colores brillantes.

▶ Encierra en un círculo el animal azul. Pon una raya debajo del animal
más pequeño. Dibuja una x sobre el animal que tiene trompa.

Nombre _____

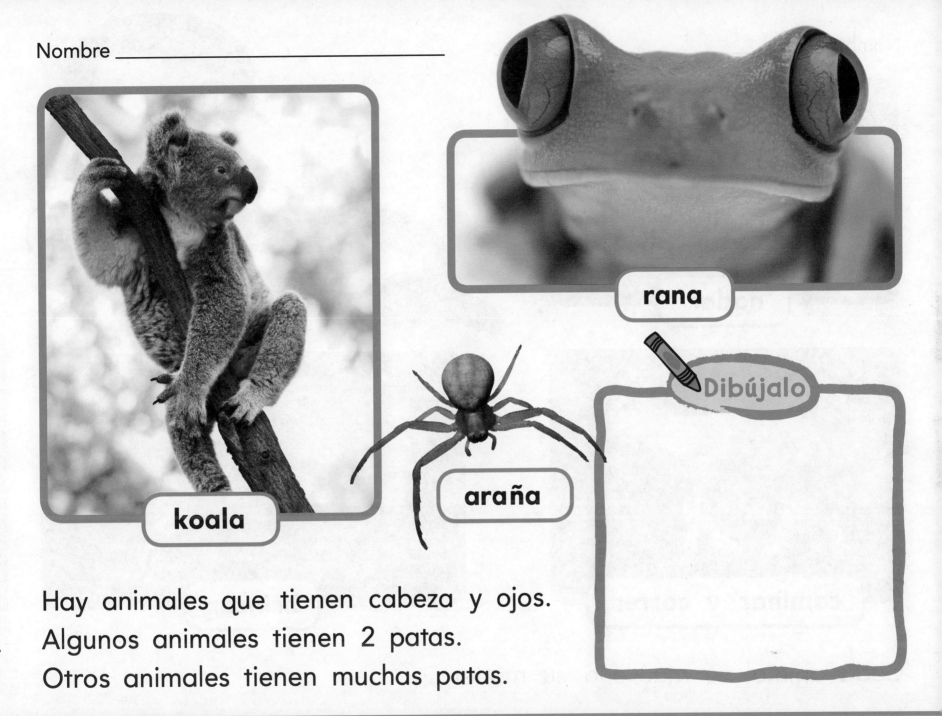

rana

Dibújalo

koala

araña

Hay animales que tienen cabeza y ojos.

Algunos animales tienen 2 patas.

Otros animales tienen muchas patas.

▶ Encierra en un círculo el animal que tiene 8 patas.
   Dibuja la cabeza y los ojos de un animal.

nadar

arrastrarse

caminar y correr

brincar

Cada animal se mueve a su manera.

▶ Encierra en un círculo el animal que se arrastra.

Nombre _____

volar

¿Qué animal brinca?

¿Qué animal nada?

¿Qué animal camina y corre?

Dibújalo

▶ Dibuja un animal que tiene alas.

Resúmelo

● Encierra en un círculo el animal que tiene cuatro patas.   ▲ Encierra en un círculo el animal que no tiene patas.   ■ Encierra en un círculo el animal que vuela.

Qué necesitan los animales

alimento

aire

agua

refugio

TEKS **K.2D** anote y organice la información y las observaciones usando dibujos, números y palabras **K.9B** examine la evidencia de que los organismos vivos tienen necesidades básicas, tales como alimento, agua y refugio para los animales...

refugio

agua

alimento

Los animales necesitan alimento, agua y aire, igual que tú.
Los animales necesitan refugio, igual que tú.

▶ Comenta lo que necesita el oso. Explica cómo lo sabes.
Encierra en un círculo el oso que está tomando su alimento.

Nombre _____

alimento

Dibújalo

Las mascotas necesitan que les demos alimento, agua y refugio.

▶ Comenta lo que necesita el pez. Explica cómo
lo sabes. Dibuja a una mascota que recibe lo que necesita.

Resúmelo

Encierra en un círculo las cosas que la ardilla necesita.

Plantas con hojas

árbol

hoja

arbusto

© Houghton Mifflin Harcourt Publishing Company

TEKS **K.2D** anote y organice la información y las observaciones usando dibujos, números y palabras **K.4B** use los sentidos como un instrumento de observación para identificar propiedades y patrones de organismos, objetos y eventos en el medio ambiente **K.10A** clasifique plantas … en grupos basándose en características físicas, tales como … forma de la hoja **K.10B** identifique partes de las plantas … tales como hojas …

Nombre _____

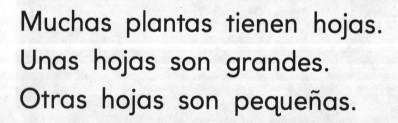

colocasia

Muchas plantas tienen hojas.

Unas hojas son grandes.

Otras hojas son pequeñas.

Dibújalo

► Mira la ilustración. Señala (identifica) una hoja de la planta colocasia. Dibuja otra hoja de planta de colocasia.

© Houghton Mifflin Harcourt Publishing Company

Nombre _____

roble

rosa

pino

Las hojas son de tamaños diferentes.

¿Cómo se pueden describir las formas de estas hojas?

▶ Mira las ilustraciones. Describe la forma de las hojas de cada planta. Encierra
en un círculo el nombre de la hoja que parece una aguja larga y fina.

Nombre _____

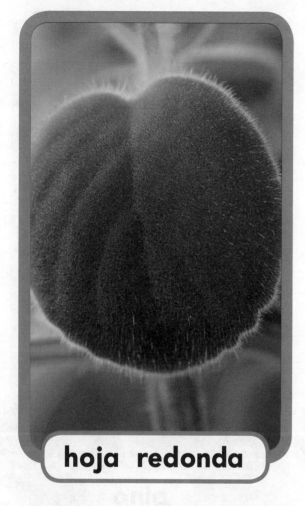

hoja redonda

hoja larga y fina

de muchas puntas

Hay plantas de hojas redondas.

Otras plantas tienen hojas largas y finas.

Y otras tienen hojas de muchas puntas.

▶ Mira las dos páginas. Clasifica las plantas en grupos según la forma de las hojas. Encierra en un círculo las plantas que tienen hojas redondas. Subraya las plantas que tienen hojas de muchas puntas.

Nombre _____

Explica cómo son las hojas de estas plantas.

Nombre _____

Resúmelo

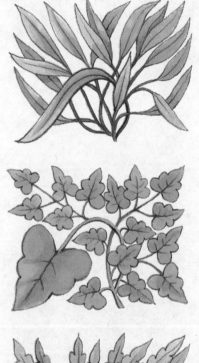

Clasifica las plantas en grupos basándote en la forma de las hojas.

● Encierra en un círculo las plantas que tienen hojas redondas.

▲ Subraya las plantas que tienen hojas largas y finas.

Qué necesitan las plantas

luz

aire

suelo

espacio para crecer

agua

TEKS **K.2D** anote y organice la información y las observaciones usando dibujos, números y palabras **K.9B** examine la evidencia de que los organismos vivos tienen necesidades básicas, tales como... agua, aire, nutrientes, luz del sol y espacio para las plantas.

Nombre _____

con agua

sin agua

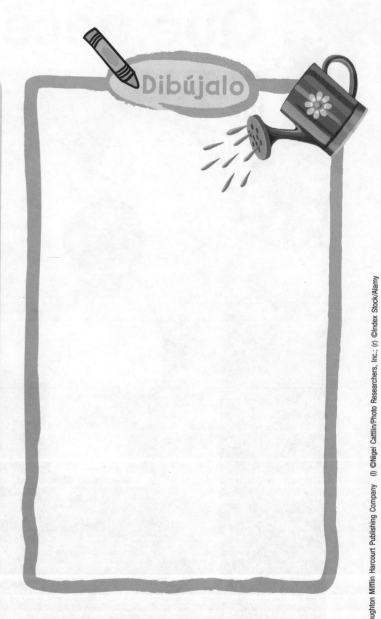

Dibújalo

Las plantas necesitan aire, luz y agua para vivir.

▶ Observa las plantas. Comenta lo que necesitan. Explica cómo sabes (examina evidencia) que las plantas necesitan agua. Dibuja una planta siendo regada.

Nombre _____

Dibújalo

espacio para crecer

suelo

Las plantas necesitan cosas del suelo.
Las plantas necesitan espacio para crecer.

▶ Comenta por qué las plantas necesitan los nutrientes del suelo.
La mayoría de las plantas obtiene la luz que necesitan del Sol. Dibuja el Sol.

Resúmelo

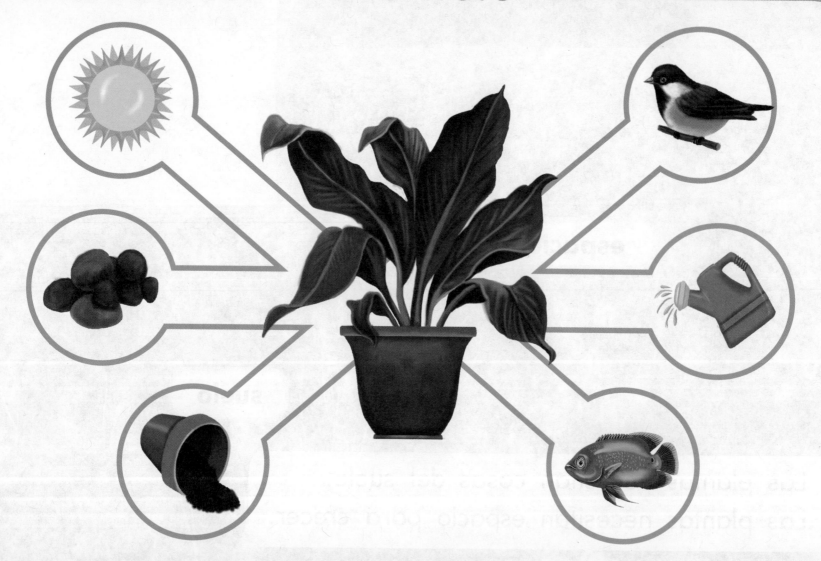

Dibuja una línea hasta cada cosa que la planta necesita.

Las partes de la planta

hoja

flor

fruto

raíces

semillas

tallo

TEKS **K.2D** anote y organice la información y las observaciones usando dibujos, números y palabras
K.10B identifique partes de las plantas, tales como raíces, tallo y hojas....

hojas

flores

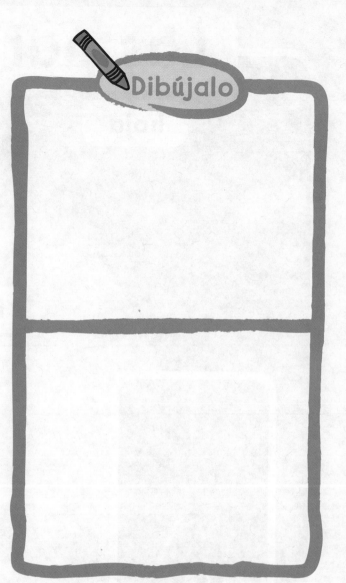

Dibújalo

Las plantas tienen varias partes.

Hay muchos tipos de hojas y flores.

▶ Dibuja una hoja en la casilla de arriba. Dibuja una flor en la casilla de abajo.

Nombre _____

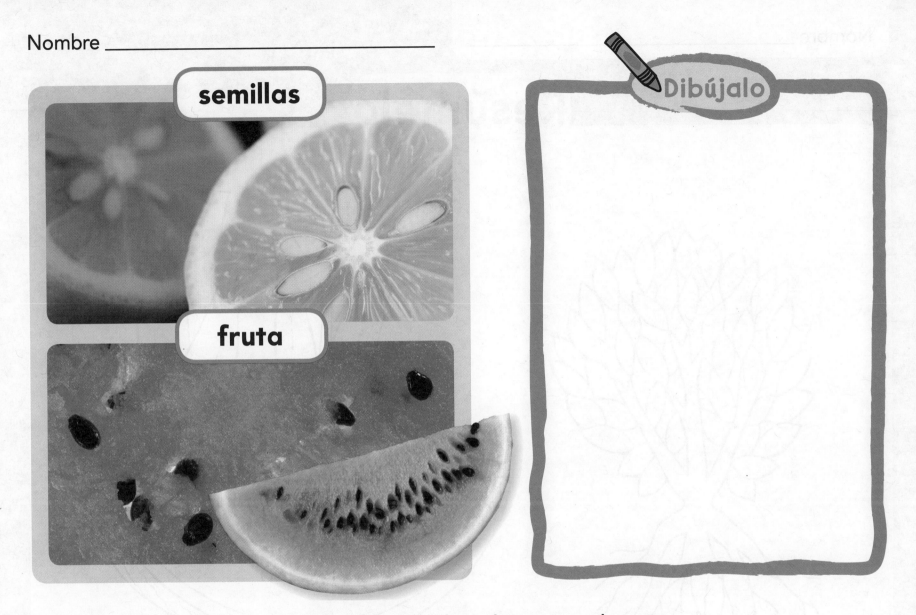

semillas

fruta

Dibújalo

Las frutas crecen de las flores de algunas plantas.
Las semillas crecen dentro de la fruta.

© Houghton Mifflin Harcourt Publishing Company (t) ©Martin Bennett/Alamy; (c) ©Ryan Mcvay/Getty Images; (b) ©foodfolio/Alamy

▶ Dibuja una línea desde la palabra "semilla" hasta la semilla. Dibuja una línea desde la palabra "fruta" hasta la fruta. Luego, dibuja una fruta con sus semillas.

Resúmelo

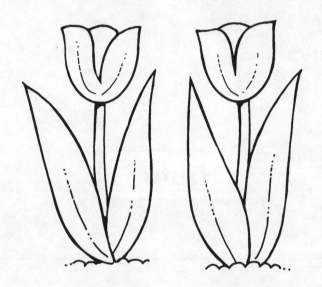

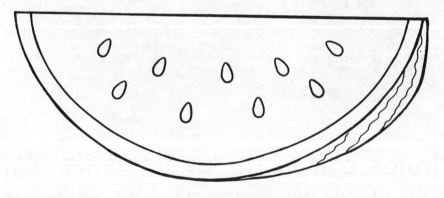

Colorea de marrón las raíces. Colorea de verde los tallos y las hojas. Colorea de amarillo las flores. Colorea de rojo la fruta. Colorea de negro las semillas.

Las plantas crecen y cambian

semilla

flor

brote

planta adulta

plántula

TEKS **K.2D** anote y organice la información y las observaciones usando dibujos, números y palabras **K.10C** identifique las maneras en que los brotes de plantas se parecen a sus padres **K.10D** observe los cambios que son parte de un ciclo de vida simple de una planta: semilla, brote, planta, flor y fruto

semilla

brote

plántula

La planta tiene un ciclo de vida.

La planta cambia a medida que crece.

Una planta joven se parece a su planta madre.

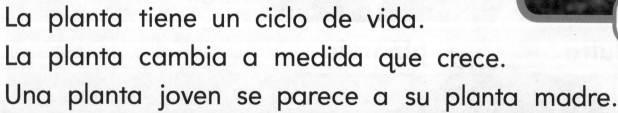

▶ Explica el ciclo de vida. Observa los cambios en el ciclo de vida de esta planta. Encierra la semilla en un círculo.

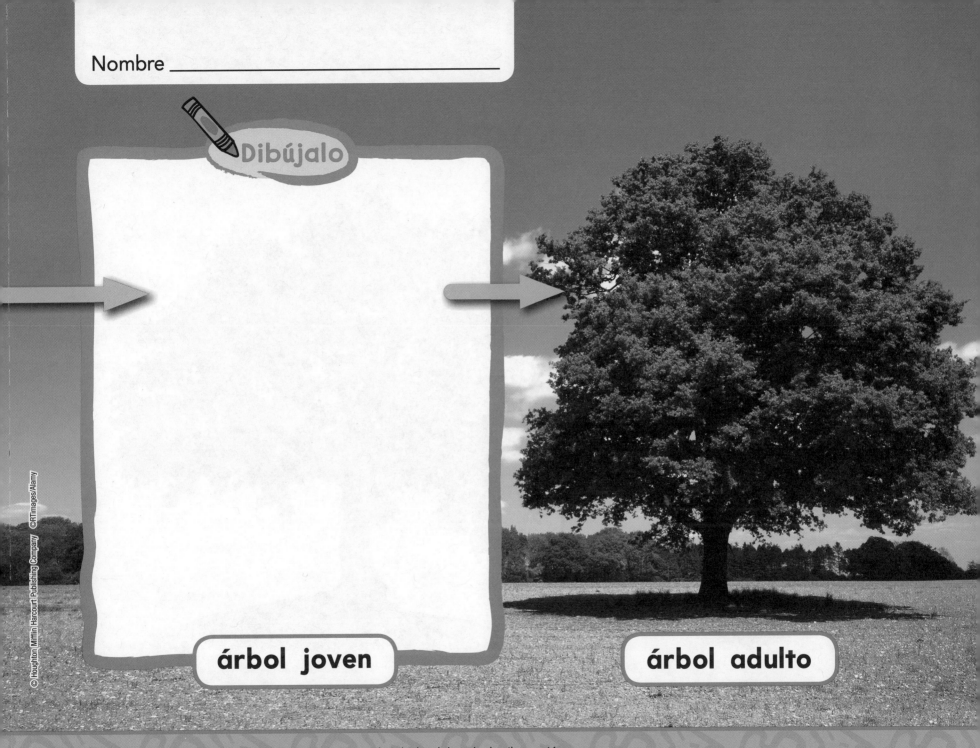

Nombre _____

Dibújalo

árbol joven

árbol adulto

▶ Dibuja el árbol joven que crecerá hasta ser el árbol adulto de la ilustración.
Di (identifica) cómo tu árbol joven se parece al árbol adulto.

Resúmelo

Encierra en un círculo el brote. Dibuja una línea debajo del árbol adulto.

Diseño de acuarios

En los acuarios se aprende sobre los animales.
Los ingenieros diseñan lugares para los animales.
Allí los animales tienen alimento, agua y refugio.

exhibición de un acuario

TEKS **K.1C** demostrar cómo usar ... recursos naturales **K.4A** reunir información usando ... materiales que apoyen las observaciones del hábitat de los organismos, tales como terrarios y acuarios **K.9B** examine la evidencia de que los organismos vivos tienen necesidades básicas, tales como alimento, agua y refugio para los animales, y agua, aire, nutrientes, luz del sol y espacio para las plantas.

Ciencias biológicas • S.T.E.M. • Diseño de acuarios

continuación

Diseña un acuario para la casa.

¿Qué animales tendrías?

¿Qué plantas le pondrías?

¿Qué otras cosas usarías?

▶ Discute lo que necesitan las plantas y los animales. Haz un dibujo para mostrar cómo diseñarías un acuario para la casa. Describe cómo se vería.